Zoom ins Weltall

Ben Hubbard

Zoom Out!

Originalausgabe

„Zoom ins Weltall" ist ursprünglich 2014 auf Englisch veröffentlicht worden. Die deutsche Ausgabe wird mit freundlicher Genehmigung von Oxford University Press veröffentlicht.

„Zoom Out!" was originally published in English in 2014. The German edition is published by arrangement with Oxford University Press.

Acknowledgements

Text by Ben Hubbard
Cover photo: Baris Simsek/Getty Images & Srdjan111/Shutterstock
Back cover photo: Corbis/ESA/Hubble Collaboration/Handout/CNP
Series Editor: Nikki Gamble

p1: Corbis/ESA/Hubble Collaboration/Handout/CNP; **p2–3**: Corbis/Ugo Mellone/SOPA RF; **p4–5**: Science Photo Library/Louise Hughes; **p5b**: Alamy/Mark Eveleigh, Getty Images/Antagain; **p6–7**: Alamy/Mark Eveleigh, Getty Images/Antagain; **p7t**: Nature Picture Library/Warwick Sloss; **p7b**: Getty Images/Danita Delimont; **p8**: Nature Picture Library/Andy Rouse; **p8–9**: Getty Images/Danita Delimont; **p9b**: Beverly Joubert/Getty Images; **p10–11**: Beverly Joubert/Getty Images; **p10t**: Mogens Trolle/Shutterstock; **p10b**: Maggy Meyer/Shutterstock; **p11t**: Corbis/DLILLC; **p11b**: Getty Images/UIG; **p12**: Getty Images/UIG; **p13t**: Eugene Kalenkovich/Shutterstock; **p13b**: Getty Images/alxpin; **p14–15**: Getty Images/alxpin; **p15**: Getty Images/alxpin; **p16**: Corbis/ESA/Hubble Collaboration/Handout/CNP

Bestell-Nr. 2400-66 • ISBN 978-3-619-24606-9

Übersetzung: Stephanie Oelschlegel
Redaktion: Stefanie Drecktrah

www.mildenberger-verlag.de
E-Mail: info@mildenberger-verlag.de

Auflage	4	3	2	1
Jahr	2023	2022	2021	2020

Bezugsmöglichkeiten
Alle Titel des Mildenberger Verlags erhalten Sie unter: www.mildenberger-verlag.de oder im Buchhandel. Jede Buchhandlung kann alle Titel direkt über den Mildenberger Verlag beziehen. Ausnahmen kann es bei Titeln mit Lösungen geben: Hinweise hierzu finden Sie in unserem aktuellen Gesamtprogramm.

Printed in China by Golden Cup

Inhalt

Augen

Was ist das?

Es ist ein Auge!

Es besteht aus **Tausenden** von winzig kleinen Augen.

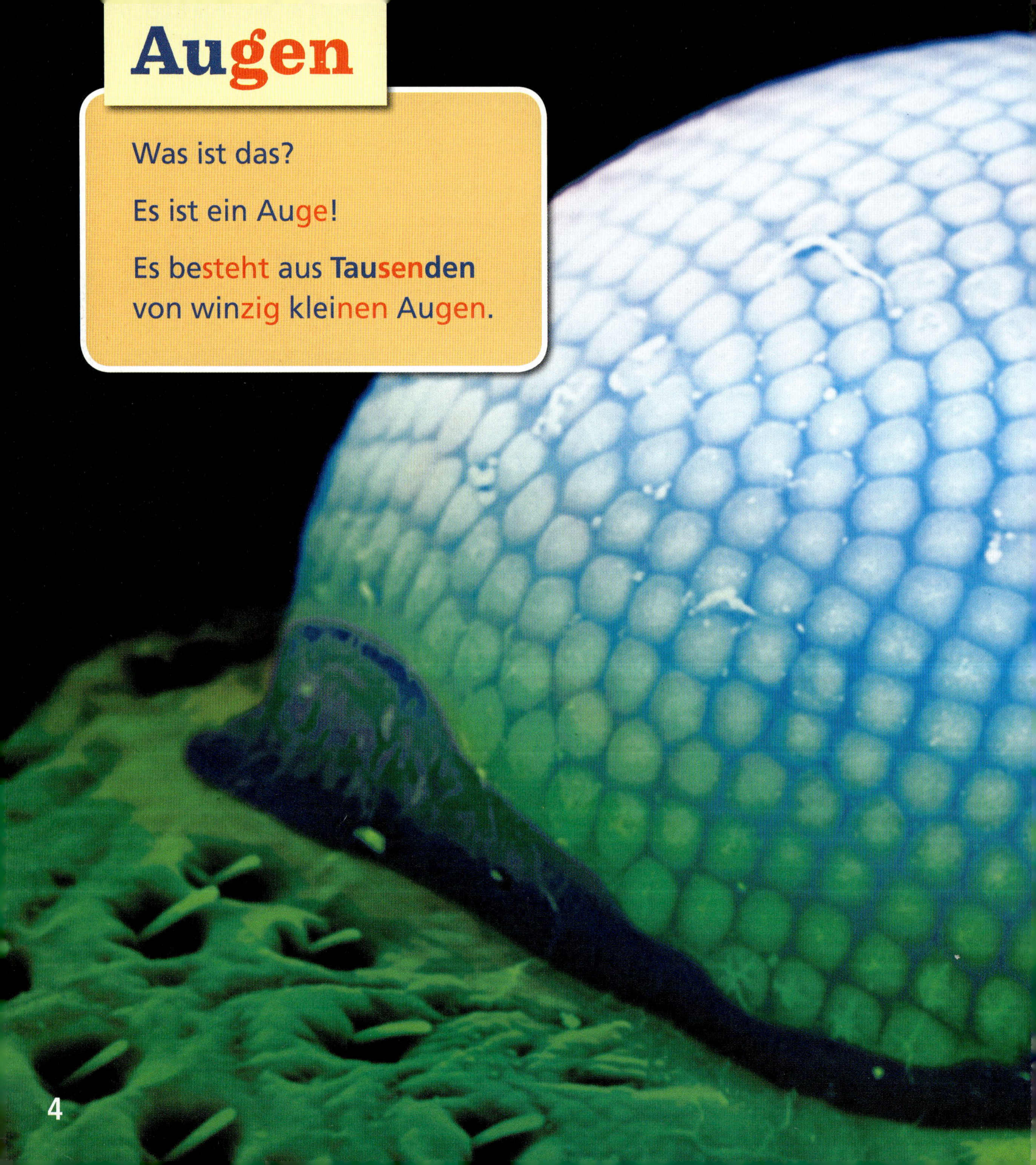

Wie ein Auge funktioniert

Ein Auge lässt Licht herein.

Das Licht sendet eine Botschaft ans Gehirn.

Diese Botschaft sagt dem Gehirn, was das Auge sieht.

Wessen Auge ist das?

Es gehört zu einer …

Zoome raus!

Fliege

Eine Fliege besitzt zwei durchscheinende Flügel und sechs klebrige Füße.

Das bedeutet, dass sie überall landen kann – und auf allem.

Wie Fliegen fressen

Wusstest du, dass Fliegen
mit den Füßen schmecken?

Aber sie nehmen keine
feste Nahrung zu sich.

Sie verflüssigen ihr Essen.
Deswegen spucken sie darauf.

Ihre Münder sind wie Strohhalme
geformt. Sie saugen damit
die flüssige Nahrung auf.

Wo ist diese Fliege
gelandet?

Das ist ein …

Zoome raus!

Elefant

Elefanten sind die größten Tiere, die an Land leben.

Sie haben eine dicke, faltige Haut.

Elefanten besprühen ihre Haut mit Schlamm.
So bleiben sie in der Sonne kühl.

Elefantenherden

Eine Elefantenfamilie wird eine Herde genannt.

Die Elefantenmutter führt die Herde von Ort zu Ort.

Die Herde ist auf der Suche nach Schatten, Wasser und Nahrung.

Wo ist dieser Elefant?

Er ist in …

Zoome raus!

Kenia

Kenia ist ein heißes Land.

Dort leben viele wilde Tiere.

Neben Elefanten gibt es auch Tiere wie Nashörner, Zebras und Löwen.

Kenia beherbergt auch mehr als tausend Vogelarten.

Kenianer

Einige Kenianer leben in großen, betriebsamen Städten. Andere, wie die **Massai**, leben in den großen **Ebenen** des Landes.

Einige Tiere dort sind gefährlich – wie Löwen und Leoparden.

Um die Massaidörfer herum gibt es Zäune, um gefährliche Tiere fernzuhalten.

Wo ist Kenia?

Das Land ist in …

Zoome raus!

Afrika

Der **Kontinent** Afrika ist sehr groß und sehr heiß.

Dort gibt es Wüsten, Ebenen, Berge und Wälder.

In Afrika gibt es 55 verschiedene Länder.
Über eine **Milliarde** Menschen leben dort.

Land und Meer

Afrika ist der zweitgrößte Kontinent der Welt.

Insgesamt gibt es sieben Kontinente.

Ein Kontinent ist ein Erdteil.

Jedoch besteht der größte Teil der Erde aus Meer.

Wo ist Afrika?

Der Kontinent ist auf der …

Zoome raus!

Erde

Unsere Welt ist der Planet Erde.

All die Meere lassen die Erde aus der Ferne blau aussehen.

Die Erde ist einer von acht **Planeten** im **Sonnensystem**.

Zusammen umkreisen diese Planeten die Sonne.

Das Sonnensystem erscheint klein, wenn man es von weit draußen aus dem All betrachtet.

Die Planeten sehen winzig aus – wie die Augen einer Fliege!

Das Universum

Du könntest aus dem Sonnensystem herauszoomen.

Und dann würdest du weiter hinaus ins **Universum** gehen.

Du könntest immer weiter zoomen, ohne je das Ende zu erreichen.

Worterklärungen

Ebenen: weite flache Gebiete mit wenigen Bäumen

Kontinent: ein sehr großes Stück der Erde, auf dem viele Länder zu finden sein können

Massai: eine Volksgruppe, die in Kenia oder Tansania lebt

Milliarde: Eintausend Millionen (1 000 000 000)

Planet: ein großer Ball aus Gestein oder Gas, der sich um einen Stern dreht

rauszoomen: einen Bildausschnitt verkleinern

Sonnensystem: eine Sonne und die Planeten, die um sie kreisen

Tausend: zehn Mal einhundert (1000)

Universum: die Sterne, die Planeten und alles, was ist

Stichwortverzeichnis